DÉCRET

PORTANT

RÈGLEMENT SUR LE SERVICE SPÉCIAL

DE LA

GENDARMERIE MARITIME

DU 15 JUILLET 1858.

PARIS

LÉAUTEY, IMPRIMEUR DE LA GENDARMERIE
RUE ST-GUILLAUME, 24

—

1884.

DÉCRET

PORTANT

RÈGLEMENT SUR LE SERVICE SPÉCIAL

DE LA

GENDARMERIE MARITIME

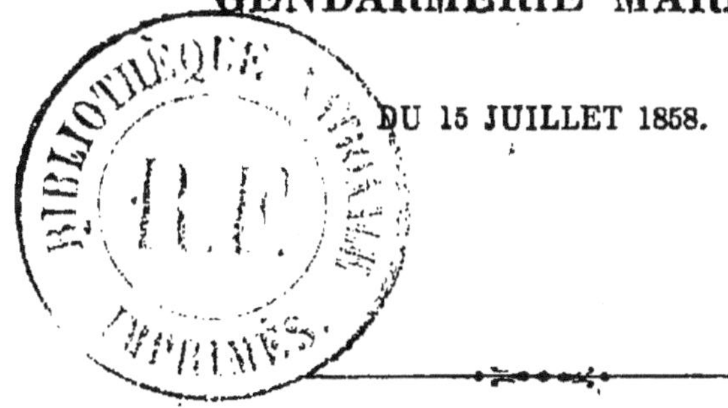

DU 15 JUILLET 1858.

PARIS

LÉAUTEY, IMPRIMEUR DE LA GENDARMERIE

RUE ST-GUILLAUME, 24

—

1881.

RAPPORT A L'EMPEREUR

SUR

L'ORGANISATION ET LE SERVICE SPÉCIAL

DE LA GENDARMERIE MARITIME.

Paris, le 14 juillet 1858.

SIRE,

Jusqu'en 1832, la police judiciaire des ports, des arsenaux de la marine et des quartiers de l'inscription maritime était confiée à des compagnies qui, sans cesser d'appartenir à la gendarmerie départementale, étaient affectées, d'une manière exclusive, et sous la double autorité des ministres de la guerre et de la marine, à ce service important et tout spécial.

Ces compagnies, fort nombreuses sous le premier Empire, puisque chacun des ports militaires, depuis Anvers jusqu'à Gênes, en possédait une, portaient le titre de *Gendarmerie maritime*. Les événements politiques ayant modifié le nombre de nos arsenaux, elles furent réduites à cinq et comprises, sous le titre de *Compagnies des ports et arsenaux*, dans les vingt-quatre légions de gendarmerie instituées par l'ordonnance du 29 octobre 1820, pour le service des départements et des arrondissements maritimes.

Mais les relations étroites et journalières que ces compagnies avaient à entretenir avec les autorités de la marine, les obligations toutes particulières qui leur étaient imposées par les art. 228 à 250 de l'ordonnance que je viens de citer, tendaient à en former un corps à part qu'il était d'un intérêt sérieux de rattacher complétement au département de la marine.

Cette mesure, dont une longue expérience avait fait reconnaître l'utilité, fut consacrée par une ordonnance du 19 juin 1832, laquelle, tout en rendant à ces compagnies leur ancienne dénomination de *Gendarmerie maritime*, leur maintint l'application des lois et des règlements qui régissent la gendarmerie au département de la guerre.

Telle était la position de ce corps d'élite, lorsque parut le décret du 1ᵉʳ mars 1854, portant règlement sur l'organisation et le service de la gendarmerie. Pour se conformer au vœu de l'ordonnance de 1832, mon prédécesseur en prescrivit immédiatement l'application à la gendarmerie maritime, en remarquant, toutefois, que l'entière abrogation de l'ordonnance du 29 octobre 1820, et la non reproduction dans le nouveau règlement des dispositions particulières à la marine, laissaient dans une situation indécise un service très important, puisqu'il embrasse à la fois la police des ports et des arsenaux, l'inscription maritime, la police de la navigation, des pêches, etc., etc.

Le décret du 1ᵉʳ mars 1854, si complet d'ailleurs, contenait donc, au seul point de vue de la marine, une lacune qu'il était important de combler, autant pour définir l'organisation même de la gendarmerie maritime, que pour tracer avec précision les obligations spéciales à cette arme.

J'ai préparé dans ce but une série de dispositions que j'ai l'honneur de présenter aujourd'hui, sous forme de décret, à la haute sanction de votre Majesté. Elles contiennent dans leur ensemble une réglementation en harmonie avec l'état actuel de la législation de la ma-

rine, et forment, à ce point de vue, le complément nécessaire du décret du 1ᵉʳ mars 1854, où la gendarmerie
maritime trouve exposées les obligations générales
qu'elle doit remplir comme corps de gendarmerie.

D'un effectif peu nombreux, mais douées de cet es-
prit de discipline et d'abnégation si remarquable dans
la gendarmerie, les compagnies maritimes, obligées de
multiplier leur action sur l'immense étendue de notre
littoral, ont constamment fait preuve d'une activité et
d'un zèle qui les rend tout à fait dignes de la sollicitude
de Votre Majesté ; aussi, en sollicitant pour la gendarmerie maritime la qualification d'*impériale* (1), déjà
accordée aux légions départementales, je serais heu-
reux d'obtenir pour cette arme une distinction dont
son dévouement saura lui faire apprécier la valeur.

Je suis, avec un profond respect, Sire, de Votre
Majesté, le très humble, très obéissant et très fidèle
serviteur.

*L'Amiral, Ministre Secrétaire d'Etat
de la marine,*

Signé : HAMELIN.

---

(1) Qualification supprimée par décision du 10 septembre
1870 à partir du 4 dudit.

TABLE ANALYTIQUE.

TITRE PREMIER.

CONSTITUTION DE L'ARME. — RECRUTEMENT.

CHAPITRE PREMIER.

SPÉCIALITÉ DU SERVICE DE L'ARME. — RÉPARTITION DES COMPAGNIES. — DISPOSITIONS GÉNÉRALES.

CHAPITRE II.

RECRUTEMENT.

TITRE II.

POSITION DE LA GENDARMERIE A L'ÉGARD DES AUTORITÉS MARITIMES. SERVICE DES OFFICIERS. DISCIPLINE.

—

CHAPITRE Ier.

RAPPORTS DE LA GENDARMERIE AVEC LES AUTORITÉS MILITAIRES, CIVILES ET JUDICIAIRES DE LA MARINE.

CHAPITRE II.

DU SERVICE PARTICULIER DES OFFICIERS DE L'ARME.

---

(1) Aujourd'hui sans objet.

CHAPITRE III.

SERVICE EXTRAORDINAIRE.

TITRE IV.

DISPOSITIONS GÉNÉRALES.

—

CHAPITRE UNIQUE.

Nota. L'organisation et la composition des compagnies
sont réglées par le décret du 26 octobre 1866 modifié le
21 août 1876.

DÉCRET.

———

Napoléon, par la grâce de Dieu et la volonté nationale, Empereur des Français,

A tous présents et à venir, salut :

Vu la loi du 3 brumaire an iv (24 octobre 1795), sur l'inscription maritime ;

Vu l'ordonnance du 29 octobre 1820, portant règlement sur le service de la gendarmerie, et notamment les art. 228 à 250, spéciaux au service des ports et des arsenaux de la marine ;

Vu l'ordonnance du 19 juin 1832, qui a fait passer du département de la guerre dans les attributions du département de la marine les compagnies de gendarmerie affectées au service des ports et des arsenaux ;

Vu la loi du 9 janvier 1852, ensemble les règlements du 4 juillet 1853, sur la police de la pêche maritime côtière ;

Vu le décret du 21 février 1852, concernant la pêche et la domanialité publique maritime ;

Vu le décret du 19 mars 1852, concernant le rôle d'équipage et les indications des bâtiments et embarcations exerçant une navigation maritime ;

Vu le décret du 20 mars 1852, sur la navigation au bornage ;

Vu le décret disciplinaire et pénal pour la marine marchande, en date du 24 mars 1852;

Vu le décret du 1er mars 1854, sur l'organisation et le service de la gendarmerie, ainsi que le règlement du 9 avril 1858, portant règlement sur le service intérieur de la gendarmerie ;

Vu le Code de justice militaire pour l'armée de mer, du 4 juin 1858;

Considérant qu'indépendamment des obligations générales qui lui sont imposées, comme aux autres corps de la gendarmerie, par le décret susvisé du 1er mars 1854, la gendarmerie maritime est spécialement affectée à un service particulier découlant de l'ensemble de la législation maritime, et qu'il est nécessaire de définir;

Sur le rapport de notre ministre secrétaire d'Etat au département de la marine,

Le conseil d'amirauté entendu,

Avons décrété et décrétons ce qui suit :

TITRE PREMIER.

CONSTITUTION DE L'ARME. — RECRUTEMENT.

CHAPITRE PREMIER.

SPÉCIALITÉ DU SERVICE DE L'ARME. — RÉPARTITION DES COMPAGNIES. — DISPOSITIONS GÉNÉRALES.

Art. 1er.

La gendarmerie maritime constitue pour les officiers, comme pour les sous-officiers, brigadiers et gendarmes, un corps de troupe à pied.

Elle est spécialement affectée à la police judiciaire des ports et des arsenaux, à l'exécution du service relatif à l'inscription maritime, à la police de la navigation, à la police des pêches, ainsi qu'à toutes les opérations qui s'y rattachent, soit à l'intérieur des ports, soit à l'extérieur.

Art. 2.

L'effectif de cette arme est divisé en cinq compagnies, qui sont attachées séparément, comme il suit, au service des cinq arrondissements maritimes ; chacune d'elle porte le numéro de l'arrondissement auquel elle appartient :

La 1re à Cherbourg,
La 2e à Brest,
La 3e à Lorient,
La 4e à Rochefort,
La 5e à Toulon.

Notre ministre secrétaire d'Etat de la marine pourvoit, par des décisions spéciales, à la répartition de l'effectif des compagnies entre les quartiers, sous-quartiers et syndicats de l'inscription maritime, selon les besoins du service local (1).

Art. 3.

Les lois, ordonnances et décrets relatifs au service, à la police, à la discipline, à l'avancement, à l'habillement, aux allocations de solde, d'indemnités et de prestations de toute nature, aux pensions de réforme et de retraites, aux récompenses, au mode de paiement et d'administration du corps de la gendarmerie, sont applicables à la gendarmerie maritime, sous les exceptions qui peuvent résulter des dispositions ci-après en ce qui concerne le service.

Toute mesure nouvelle adoptée pour le corps de la gendarmerie par le département de la guerre ne devien-

---

(1) V. les tableaux annexés au décret du 26 octobre 1866 pornt extension du corps de la gendarmerie maritime.

dra, cependant, applicable à la gendarmerie maritime qu'après décision préalable du ministre de la marine.

CHAPITRE II.

RECRUTEMENT.

Art. 4.

Les emplois de gendarme de la marine sont donnés :
1° A des militaires des corps de troupe de la marine et à des marins en activité de service, en congé provisoire de libération ou libérés définitivement;
2° A des militaires des différents corps de l'armée de terre en activité, appartenant à la réserve ou libérés définitivement, lorsqu'ils réunissent d'ailleurs les conditions d'âge, de taille, d'instruction et de bonne conduite déterminées par l'art. 18 du décret du 1ᵉʳ mars 1854, sur l'organisation et le service de la gendarmerie.

Cette taille est de 1 mètre 66 cent. sans aucune tolérance. (*Décision présidentielle du 21 octobre 1878 et circulaire du ministre de la marine du 2 mai 1879.*)

Art. 5.

L'avancement aux grades et emplois d'officiers, pour la portion dévolue à la gendarmerie, roule sur les cinq compagnies, et a lieu conformément aux dispositions de l'art. 55 du décret du 1ᵉʳ mars 1854.
La moitié des lieutenances vacantes est donnée, sur la proposition des inspecteurs généraux, à des lieutenants des corps de troupe de la marine, âgés de plus de vingt-cinq ans et de moins de trente-cinq ans, et ayant au moins un an d'activité de service dans leur grade.

Les capitaines des corps de troupe de l'armée de mer pourront être désormais admis dans la gendarmerie maritime comme le sont déjà les lieutenants. (*Décret du 25 juin 1867.*)

Art. 6.

L'instruction spéciale des officiers de la gendarmerie maritime doit embrasser les dispositions réglementaires relatives à tous les détails du service de l'inscription maritime, de la police de la navigation, des pêches, etc., etc., et celles concernant le service général de la gendarmerie.

TITRE II.

POSITION DE LA GENDARMERIE A L'ÉGARD DES AUTORITÉS MARITIMES. — SERVICE DES OFFICIERS. — DISCIPLINE.

—

CHAPITRE PREMIER.

RAPPORTS DE LA GENDARMERIE AVEC LES AUTORITÉS MILITAIRES, CIVILES ET JUDICIAIRES DE LA MARINE.

Art. 7.

La gendarmerie maritime est placée sous l'autorité immédiate des préfets maritimes et des majors généraux de la marine.

Ces officiers ne doivent pas être considérés comme faisant fonctions de chef de légion (circulaire du 31 mai 1866, *Bull. off.*, p. 430).

Art. 8.

En ce qui concerne les opérations relatives au service de l'inscription maritime, de la police de la navigation et des pêches, les commandants des lieutenances et les chefs de poste dans les quartiers et sous-quartiers relèvent directement des chefs du service de la marine et des commissaires de l'inscription maritime. Ils leur doivent un compte exact et immédiat de l'exécution du service dont ils sont chargés.

1...

Art. 9.

Les commandants des compagnies de gendarmerie maritime rendent compte sur-le-champ, aux préfets maritimes et aux majors généraux, de tous les événements extraordinaires intéressant la sûreté des ports et des arsenaux, et leur communiquent tous les renseignements qu'ils ont pu recueillir.

Art. 10.

Les officiers commandant les lieutenances dans les ports militaires et dans les ports de commerce chefs-lieux de sous-arrondissements maritimes adressent directement, aux majors généraux ou aux chefs du service de la marine, un rapport journalier sur le service accompli et les événements portés à leur connaissance par les brigades sous leurs ordres. Une expédition de ce rapport est remise au commandant de la compagnie.

Un extrait du même rapport, en ce qui concerne les arrestations des malfaiteurs, est adressé au préfet maritime, lorsqu'il y a lieu.

Art. 11.

Les sous-officiers, brigadiers et gendarmes de la marine ne peuvent se porter, même pour objets de service, hors des limites de leur circonscription respective, sans qu'ils y aient été autorisés par le préfet maritime ou par le chef du service de la marine.

Art. 12.

Les militaires de la gendarmerie maritime sont tenus de déférer aux réquisitions qui leur sont faites par les majors généraux, majors et aides-majors de la marine, les chefs de corps, de dépôt et de détachement, les chefs de service et de détail, les rapporteurs près les tribunaux de la marine, lesquels ne peuvent d'ailleurs leur adresser de réquisitions que pour assurer le service et maintenir l'exécution des mesures de police et de surveillance que les règlements leur attribuent.

Art. 13.

Dans les ports chefs-lieux d'arrondissements maritimes, les réquisitions écrites sont toujours adressées aux commandants des compagnies; sur tous les autres points, elles sont adressées aux commandants des postes qui s'y trouvent placés.

Art. 14.

Les abus que les officiers militaires et civils de la marine désignés à l'art. 12 pourraient faire du droit de réquisition de gendarmes d'ordonnance ou de service seront déférés par les commandants des compagnies aux préfets maritimes ou aux majors généraux de la marine, sans que le compte qu'ils en rendront puisse cependant dispenser d'obtempérer auxdites réquisitions.

Art. 15.

A l'exception des dispositions que renferme l'art. 40 ci-après, les sous-officiers, brigadiers et gendarmes maritimes ne peuvent être employés à porter la correspondance des différentes autorités de la marine que dans les cas urgents et à défaut d'autres moyens. Ce service ne se fait alors qu'en vertu de réquisitions écrites, et les abus dont il peut être l'objet sont déférés par les commandants des compagnies aux préfets maritimes.

Toutefois, les sous-officiers, brigadiers ou gendarmes chefs de postes, étant obligés d'aller chaque jour à la poste aux lettres pour y porter leur correspondance et y recevoir celle de leurs officiers, y portent et rap-

1....

portent en même temps celles des administrateurs sous
les ordres desquels ils se trouvent placés.

Les militaires de la gendarmerie maritime ne peuvent d'ailleurs être employés à aucun service personnel, à aucune fonction, qui ne serait pas compatible
avec les règlements constitutifs de la gendarmerie.

Art. 16.

Les commissaires aux revues peuvent constater,
chaque trimestre, l'effectif des brigades affectées au
service des ports militaires; à cet effet, ils passent la
revue des hommes présents dans le lieu de leur résidence, mais ne donnent aucun ordre pour le déplacement des gendarmes détachés dans des quartiers
maritimes.

La présence de ces militaires est attestée par des
certificats des administrateurs des quartiers maritimes,
que les commandants des lieutenances sont chargés de
réunir et de transmettre aux conseils d'administration
des compagnies.

CHAPITRE II.

DU SERVICE PARTICULIER DES OFFICIERS DE L'ARME.

Art. 17.

Les commandants des compagnies sont exclusivement chargés de la direction du service dans les ports
militaires, de la tenue, de la police, de l'administration
intérieure et de la comptabilité de tous les militaires
présents au chef-lieu de l'arrondissement maritime et
détachés dans les quartiers de l'inscription maritime.

Art. 18.

Le nombre des tournées d'inspection que les officiers de gendarmerie maritime sont tenus de faire an nuellement est fixé à deux pour les commandants des compagnies, et à six pour les lieutenants. Ces tournées doivent être combinées de manière que chaque sous-officier, brigadier et gendarme détaché soit inspecté au moins une fois par an (1).

Art. 19.

Lors de leurs tournées d'inspection, pour en abréger la durée, et pour se rendre en même temps un compte exact de l'instruction militaire des hommes détachés, les commandants de compagnies peuvent réunir sur un point intermédiaire plusieurs de ces militaires, en évitant cependant de trop longs déplacements. Les points de rassemblement sont changés successivement et choisis de telle sorte, que chaque sous-officier, brigadier et gendarme détaché soit visité, autant que possible, dans le lieu même de sa résidence.

Des dispositions analogues sont observées lors des revues des inspecteurs généraux.

Art. 20.

Les officiers de la gendarmerie maritime en tournées d'inspection visent les feuilles de service des chefs de postes et tous les registres qu'ils sont chargés de tenir. Ils vérifient et s'assurent près des commissaires de l'inscription maritime si le service de la gendarmerie est fait avec exactitude, activité et suivant toutes les prescriptions réglementaires; si les sous-officiers, brigadiers et gendarmes tiennent une bonne conduite, ne

---

(1) A l'improviste, dans le lieu même de sa résidence. (Circulaire du 11 décembre 1874.)

Les militaires de la gendarmerie maritime détachés en Algérie sont inspectés inopinément dans le lieu même de leur résidence deux fois par an, par des officiers de marine. (Décision ministérielle du 23 avril 1878.)

contractent point de dettes, et enfin si leur tenue journalière est toujours convenable et régulière.

Art. 21.

Il est recommandé aux officiers commandants de lieutenances de diriger l'instruction des sous-officiers, brigadiers et gendarmes vers les connaissances inhérentes à la spécialité de leurs fonctions (1), et de les exercer à la rédaction des procès-verbaux.

CHAPITRE III.

DISCIPLINE.

Art. 22.

Les préfets maritimes, les majors généraux de la marine, les chefs du service de la marine dans les sous-arrondissements, prescrivent les punitions que doivent subir les officiers, sous-officiers, brigadiers et gendarmes, pour infractions à leurs ordres ou pour fautes commises dans le service.

Ils se conforment, pour la nature et la durée de ces punitions, aux dispositions du décret du 1er mars 1854 et à celles du règlement du 9 avril 1858, sur le service intérieur de la gendarmerie.

Art. 23.

Lorsque les autres administrateurs de la marine ont à se plaindre des militaires de la gendarmerie placés sous leurs ordres, ils s'adressent soit au préfet maritime de l'arrondissement, soit au chef du service de la

---

(1) Les cours de l'école élémentaire doivent avoir lieu dans la gendarmerie maritime durant toute l'année, du 1er janvier au 31 décembre sans interruption. (Décision ministérielle du 26 décembre 1873.)

marine, soit enfin au commandant de la compagnie, qui ordonnent, s'il y a lieu, des punitions conformes aux règlements.

Toutefois, pour des fautes graves exigeant une répression immédiate, les commissaires de l'inscription maritime infligent les punitions et en rendent compte, dans les vingt-quatre heures, à l'autorité compétente du chef-lieu du sous-arrondissement maritime.

Art. 24.

Aucun congé ni permission d'absence ne peuvent être accordés, sur la proposition du commandant de la compagnie, aux officiers, sous-officiers, brigadiers et gendarmes détachés dans les sous-arrondissements et dans les quartiers, sans l'avis préalable des chefs du service de la marine ou des commissaires de l'inscription maritime.

Art. 25.

Il est expressément interdit aux gendarmes maritimes d'accepter, en dehors des gratifications réglementaires, aucune espèce de rémunération pour les services qu'ils seraient appelés à rendre aux armateurs, négociants, courtiers ou agents maritimes commerciaux, aux capitaines au long cours et autres, aux administrations publiques ou privées, ainsi qu'aux particuliers.

Il leur est également interdit de prendre directement ou indirectement un intérêt quelconque dans le commerce du poisson, du coquillage, etc.

Toute infraction à cette défense serait sévèrement réprimée, comme portant atteinte à la dignité du corps.

TITRE III.

DU SERVICE SPÉCIAL DE LA GENDARMERIE MARITIME.

CHAPITRE Ier.

DÉFINITION.

Art. 26.

Le service spécial de la gendarmerie maritime se divise en service ordinaire et en service extraordinaire :

1° Le service ordinaire est celui qui s'opère journellement ou à des époques périodiques, sans qu'il soit besoin d'aucune réquisition de la part des diverses autorités.

2° Le service extraordinaire est celui dont l'exécution n'a lieu qu'en vertu d'ordres ou de réquisitions. Tout service donnant lieu à l'indemnité de déplacement s'exécute sur réquisition.

L'un et l'autre de ces services ont pour objet essentiel d'assurer constamment, sur tous les points où se trouvent placés les militaires de la gendarmerie maritime, l'action directe de la police judiciaire, administrative et maritime, le maintien du bon ordre, l'exécution des lois et règlements.

CHAPITRE II.

SERVICE ORDINAIRE.

Art. 27.

Les fonctions permanentes des sous-officiers, brigadiers et gendarmes de la marine, sont de surveiller les démarches des marins et des ouvriers inscrits ; d'observer leurs habitudes dans les ports et dans les quartiers ; de s'attacher à les reconnaître, afin de prévenir et de réprimer la désertion, l'insoumission, les émeutes et toutes les causes de désordre et de projets séditieux.

Dans les arsenaux, leurs obligations sont définies par des règlements particuliers de police arrêtés par les préfets maritimes ; la garde des issues est une des attributions importantes de la gendarmerie.

Une surveillance éclairée, continue et répressive, sur tous les points, constitue l'essence du service de l'arme.

Art. 28.

Dans les ports militaires, les compagnies de gendarmerie maritime fournissent des postes à toutes les issues des arsenaux pour assurer l'exécution des règlements particuliers de police et des consignes arrêtés, soit par le ministre, soit par les préfets maritimes.

Elles détachent, en outre, autant que possible, des gendarmes auprès des préfets maritimes, des majors généraux, des commissaires du gouvernement près les tribunaux de la marine, des commissaires de l'inscription maritime et des armements, pour assurer l'exécution des lois et règlements dans toutes les circonstances où l'intervention de la gendarmerie est reconnue nécessaire.

Art. 29.

La gendarmerie maritime fournit des escortes d'honneur lorsque le chef de l'Etat ou les ministres visitent les arsenaux.

Elle escorte également les autorités maritimes dans les cérémonies publiques.

Art. 30.

Le nombre des gendarmes que réclament les règlements particuliers de chacun des cinq ports militaires se rend dans l'arsenal au coup de canon de diane, et y reste jusqu'à celui de la retraite, de manière à assister à l'ouverture et à la fermeture des issues.

Les sous-officiers, brigadiers et gendarmes de service circulent librement, pendant les heures de travail, dans tous les chantiers et ateliers couverts, afin de réprimer toutes infractions aux règlements. Ils veillent à ce qu'il ne soit fait aucune dégradation aux propriétés de la marine.

Ils expulsent les individus en état d'ivresse, et, lorsque l'entrée des arsenaux est interdite, ils arrêtent les personnes qui s'y trouvent sans permissions régulières.

Art. 31.

A l'extérieur des bagnes, ils empêchent tout contact, en dehors du service, entre les personnes libres et les forçats. Ils cherchent à prévenir les évasions et répriment sur-le-champ toutes infractions aux lois et règlements.

Ils défèrent aux réquisitions des commissaires de la marine préposés aux chiourmes, et se portent à la recherche des forçats évadés.

Les bagnes en France sont supprimés.

Art. 32.

Tout individu arrêté par les sous-officiers, brigadiers et gendarmes de la marine, avec des effets ou objets volés dans les arsenaux ou autres établissements maritimes, est conduit immédiatement devant l'autorité judiciaire compétente.

Les individus arrêtés pour des infractions aux règlements particuliers des ports et arsenaux sont conduits sans retard devant les officiers du service de la marine auquel ils appartiennent, et mis à leur disposition.

Art. 33.

Si les militaires de la gendarmerie maritime reconnaissent chez des marchands ou chez des particuliers des effets à la marque de la marine, ou qu'ils auraient lieu de croire lui appartenir, ils en dressent un procès-verbal ou font leur rapport, qu'ils remettent sur-le-champ à l'autorité compétente, pour qu'il soit procédé, suivant les lois, contre les détenteurs desdits objets ou effets.

Art. 34.

Ils dressent procès-verbal des vols, effractions, arrestations et autres événements parvenus à leur connaissance, dont ils auraient été témoins ou pour lesquels ils auraient été requis.

Art. 35.

Ils conduisent devant les rapporteurs près les tribunaux de la marine, les individus prévenus de crimes ou de délits dont la connaissance ressortit à ces tribunaux.

Art. 36.

En cas d'incendie dans l'arsenal, tous les officiers, sous-officiers, brigadiers et gendarmes disponibles s'y portent immédiatement, pour surveiller les issues livrées à la circulation, et se mettre à la disposition de l'autorité qui dirige les secours.

Art. 37.

Les sous-officiers, brigadiers et gendarmes détachés dans les sous-arrondissements, quartiers, sous-quartiers et syndicats de l'inscription maritime, *doivent être relevés après trois années consécutives de séjour dans la même résidence, sauf décision spéciale du ministre.* (Décret du 11 mai 1877.)

Art. 38.

Les sous-officiers, brigadiers et gendarmes détachés comme chefs de poste entretiennent une correspondance suivie avec leurs chefs directs.

Ils inscrivent sur un journal spécial, qui est transmis tous les mois au commandant de la lieutenance, pour être remis, avec ses observations, au commandant de la compagnie, le service accompli chaque jour, tant par eux-mêmes que par les brigadiers ou gendarmes sous leurs ordres. Ces feuilles de service sont établies en deux expéditions, dont l'une reste déposée dans les archives du poste ; elles sont présentées chaque jour à la signature du commissaire ou administrateur de l'inscription maritime.

Art. 39.

Les sous-officiers, brigadiers et gendarmes, détachés hors du chef-lieu de l'arrondissement maritime, doivent employer tous les moyens en leur pouvoir pour appuyer et faire respecter l'autorité des commissaires et administrateurs de la marine.

Ils assurent le maintien de l'ordre dans les bureaux lorsque les marins ou leurs familles s'y présentent pour affaires de service, réclamations, etc. Ils ne restent d'ailleurs de planton dans les bureaux qu'autant que leur présence est nécessaire pour cet objet, et ne peuvent y être employés comme secrétaires ou copistes, la nature de leur service étant incompatible avec ces fonctions.

Tous les matins, et à l'heure qui leur est indiquée par les commissaires ou administrateurs de l'inscription maritime, ils se rendent dans les bureaux de ces officiers pour prendre leurs ordres, qu'ils doivent faire exécuter dans les vingt-quatre heures.

Art. 40.

Lorsqu'une levée de marins ou d'ouvriers de professions maritimes est ordonnée, les gendarmes se rendent, s'il y a lieu, dans toutes les communes des quartiers, non-seulement pour porter les ordres des commissaires de l'inscription maritime, mais encore pour en seconder au besoin l'exécution.

Ce service s'exécute sur l'indication verbale de l'officier de l'inscription maritime ou sur réquisition écrite, suivant que les distances à parcourir donnent ou ne donnent pas droit à l'indemnité de déplacement.

En cas de nécessité, ils prêtent et au besoin ils requièrent main-forte pour assurer les effets de la levée.

Ils conduisent dans les prisons les marins et les ouvriers inscrits coupables de désobéissance ou de désertion.

Art. 41.

Dans les tournées, courses, rondes ou patrouilles de jour et de nuit qu'ils sont tenus de faire en ville et dans toute l'étendue de la circonscription de leur résidence, sur les quais, ports, rivières et lieux de pêche, les sous-officiers, brigadiers et gendarmes arrêtent et font arrêter les déserteurs, les militaires et les marins qui tenteraient de vendre leurs effets ou des matières appartenant à l'Etat.

Ils sont envoyés sur les routes avoisinant les ports pour rechercher et arrêter les déserteurs et les absents signalés.

Ils parcourent les chantiers de constructions du commerce.

Ils assistent au départ et à l'arrivée des paquebots.

Art. 42.

Les sous–officiers, brigadiers et gendarmes surveillent les marins et les ouvriers des arsenaux en permission ou en congé, et les font diriger sur les ports auxquels ils appartiennent à l'expiration de la durée légale de leur absence. Ils arrêtent ceux qui ne sont pas porteurs d'une feuille de route ou d'une permission régulière.

Art. 43.

Ils se font représenter :

1° Les rôles d'équipage ou pièces destinées à en tenir lieu, obligatoires pour tout bâtiment ou embarcation exerçant une navigation maritime quelconque ;

2° Les feuilles de route ou permis des inscrits maritimes rentrant dans leurs foyers ou qui cherchent à s'embarquer au commerce, pour s'assurer qu'ils sont en règle, et, au besoin, conduire ces marins devant l'autorité maritime.

Art. 44.

Ils examinent les divers rets, filets, bateaux et autres instruments employés pour la pêche, ainsi que les amorces, et s'assurent que les établissements légalement formés sur la mer et ses rivages servent seuls à l'exploitation de la pêche.

Art. 45.

Les sous-officiers, brigadiers et gendarmes constatent par procès-verbaux toutes infractions aux lois, décrets, ordonnances et règlements relatifs au service de l'inscription maritime, de la police de la navigation et des pêches.

Ils peuvent constater, concurremment avec les fonctionnaires et agents spécialement affectés à la police de

la grande voirie, l'existence d'établissements irrégulière-
ment formés sur le domaine public maritime.

Art. 46.

Ils saisissent, même à domicile, chez les marchands
et fabricants, les rets, filets, engins, instruments de
pêche et appâts prohibés, ainsi que le poisson et les
coquillages pêchés en contravention et mis en vente.

Art. 47.

Les procès-verbaux dressés à ce sujet sont affirmés
dans les trois jours par devant le juge de paix du can-
ton ou son suppléant, ou par devant le maire soit de la
résidence des sous-officiers, brigadiers et gendarmes
maritimes qui les ont dressés, soit de celle où le délit
a été commis, et sont remis au commissaire de l'inscription maritime pour recevoir telle suite qu'il y a
lieu.

Art. 48.

La gendarmerie maritime remet les citations et les
significations relatives aux procédures ouvertes en
vertu du Code de justice militaire pour l'armée de mer,
du décret-loi du 9 janvier 1852, sur la pêche côtière,
et du décret disciplinaire et pénal sur la marine marchande, du 24 mars 1852.

Art. 49.

Les gendarmes de la marine accompagnent les commissaires et administrateurs de l'inscription maritime
et les syndics sur les points où ils ont à se transporter
à l'occasion des bris, naufrages et échouements, afin
de les seconder et de veiller au maintien de l'ordre.

Art. 50.

Ils se portent fréquemment sur les côtes pour s'enquérir des événements survenus, et en donnent connaissance, sans retard, aux commissaires et administrateurs de l'inscription maritime.

Art. 51.

Les sous-officiers, brigadiers et gendarmes de la marine recueillent ou font recueillir les épaves amenées par la mer sur le rivage, les font mettre en lieu de sûreté et dressent procès-verbal de cette opération.

Lorsqu'il arrive que des cadavres sont trouvés sur les grèves, ils s'y transportent au premier avertissement pour en rechercher l'identité et recueillir tous les renseignements propres à éclairer la justice. Un procès-verbal constatant le résultat de leurs investigations est immédiatement rédigé et remis au commissaire du quartier, qui l'adresse à qui de droit.

CHAPITRE III.

SERVICE EXTRAORDINAIRE.

Art. 52.

Les sous-officiers, brigadiers et gendarmes de la marine se portent, sur la réquisition des commissaires de l'inscription maritime, à bord des navires du commerce ou autres, à l'effet d'y dresser les procès-verbaux relatifs aux insubordinations, voies de fait, crimes ou délits prévus par le décret disciplinaire et pénal de la marine marchande, pour être remis à ces administrateurs. Une expédition de ces procès-verbaux est transmise aux commandants des compagnies.

Art. 53.

Ils se rendent également, sur les réquisitions des commissaires de l'inscription maritime, à bord des navires étrangers, à l'effet d'y rechercher et arrêter les

marins et soldats français déserteurs ou insoumis qui
pourraient s'y trouver.

Art. 54.

Les commissaires généraux, les commissaires aux
armements et ceux de l'inscription maritime peuvent,
lorsque la nécessité s'en fait sentir, requérir l'assistance d'un ou de deux gendarmes pour maintenir
l'ordre pendant les ventes publiques faites par la marine, les paiements des délégations, des retraites, des
demi-soldes, des mois de famille, et les élections des
gardes-jurés.

Lorsqu'ils en seront requis par l'autorité compétente,
les gendarmes maritimes accompagnent jusque dans
les arsenaux les fonds transportés de chez les payeurs
et destinés au salaire des ouvriers.

Art. 55.

Sur la réquisition des commissaires chargés des hôpitaux et des prisons de la marine, la gendarmerie maritime transfère les prisonniers des maisons d'arrêt des
ports aux hôpitaux et réciproquement; il en est de
même pour ceux qui doivent être mis à la disposition
de l'autorité civile ou judiciaire.

Art. 56.

Sur les réquisitions des majors généraux de la marine, la gendarmerie maritime doit également extraire
des maisons d'arrêt des ports, et conduire à la brigade
la plus voisine de gendarmerie départementale, les
condamnés qui n'ont pas à subir leur peine dans les
prisons de la marine, afin qu'ils soient conduits de
brigade en brigade dans les lieux de détention qui leur
sont assignés.

Art. 57.

Sur les réquisitions des rapporteurs près les tribunaux de la marine, la gendarmerie maritime fournit le nombre de sous-officiers, brigadiers et gendarmes nécessaire pour conduire les prévenus dans les salles d'audience, et pour maintenir l'ordre pendant la durée des séances.

Art. 58.

Dans les cas urgents, les officiers, sous-officiers et brigadiers de la gendarmerie maritime requièrent directement l'assistance des postes militaires les plus rapprochés, lesquels sont tenus de déférer à leurs réquisitions et de leur prêter main-forte.

TITRE IV.

DISPOSITIONS GÉNÉRALES.

—

CHAPITRE UNIQUE.

Art. 59.

Toutes dispositions contraires à celles que renferme le présent décret sont abrogées.

Art. 60.

Notre ministre secrétaire d'Etat au département de la marine est chargé de l'exécution du présent décret, qui sera inséré au *Bulletin des Lois* et au *Bulletin officiel de la marine*.

Fait à Plombières, le 15 juillet 1858.

Signé : NAPOLÉON.

Par l'Empereur ;

L'Amiral Ministre secrétaire d'Etat de la marine,

Signé : HAMELIN.

TABLE ALPHABÉTIQUE

DES MATIÈRES.

(Les chiffres renvoient aux articles du règlement.)

Insoumis. La gendarmerie doit prévenir l'insoumission, 27. — Recherche des insoumis sur les navires étrangers, 53.

Inspection. Voir *Tournées d'inspection.*

Instruction. Quelle doit être celle des officiers, 6. — Celle des sous-officiers, brigadiers et gendarmes, 21.

Insubordination. Procès-verbaux à dresser des faits d'insubordination à bord des bâtiments du commerce, 52.

Levées de marins et d'ouvriers inscrits. Fonctions des gendarmes lors des levées, 40.

Lieutenants. De qui relèvent les commandants des lieutenances, 8. — Rapports qu'ils ont à transmettre ou à recevoir, 10, 38. — Tournées d'inspection qu'ils ont à faire chaque année, 18, 19, 20. — Direction qu'ils doivent donner à l'instruction de la troupe, 21.

Majors. Les majors de la marine adressent des réquisitions à la gendarmeris, 12.

Majors généraux. La gendarmerie maritime est placée sous leur autorité, 7. — Rapport journalier à leur adresser, 10. — La gendarmerie défère à leurs réquisitions, 12, 56. — Ils prescrivent les punitions, 22. — Des gendarmes sont détachés auprès d'eux, 28.

Main-forte. La gendarmerie prête au besoin main-forte pour assurer les effets des levées, 40.

Marins. Les marins en activité de service peuvent être admis dans la gendarmerie maritime, 4. — La gendarmerie a mission d'observer les habitudes des marins inscrits, 27. — Arrestation de ceux qui vendent soit leurs effets, soit des matières appartenant à l'Etat, 41. — Surveillance de ceux en permission ou en congé, 42. — Visite de leurs feuilles de route, 43. — Recherches des marins déserteurs à bord des navires étrangers, 53.

Naufrages. Maintien de l'ordre lors des naufrages et échouements, 49.

Navires du commerce. Dans quels cas la gendarmerie se porte sur les navires du commerce, 52. — Visite des navires étrangers pour la recherche des déserteurs et des insoumis, 53.

de saisie d'engins et d'instruments de pêche, de poisson
et de coquillage, 47. — Procès-verbaux à dresser à
l'occasion des épaves recueillies, des cadavres trouvés
sur le rivage, 48. — Des crimes, délits, insubordinations et voies de fait à bord des bâtiments du commerce, 52.

PUNITIONS. Autorités qui ont qualité pour les prescrire,
22, 23.

RAPPORTS. A fournir sur le service accompli chaque jour
et les événements survenus, 10. — Rapport à adresser
relativement aux effets présumés appartenir à la marine
et trouvés chez les marchands ou les particuliers, 33.

RAPPORTEURS PRÈS LES TRIBUNAUX DE LA MARINE. Ils adressent des réquisitions à la gendarmerie maritime, 12.
— Des gendarmes sont détachés auprès d'eux, 28.
— Cas où les individus prévenus de crimes ou de délits sont conduits devant eux par la gendarmerie maritime, 35.

RECHERCHE. Des forçats évadés, 31. — Des déserteurs et des
absents signalés, 41. — De l'identité des cadavres trouvés
sur les grèves, 51.

RECRUTEMENT. Des hommes de troupe, 4. — Des officiers
de la gendarmerie maritime, 5.

RÈGLEMENTS. Ceux du département de la guerre ne devien-
nent applicables à la gendarmerie maritime qu'après
décision du ministre de la marine, 3. — Répression des
infractions aux règlements généraux des arsenaux, 31.
— Constatation des infractions aux règlements concernant
l'inscription maritime, la police de la navigation et des
pêches, 45.

RÉQUISITIONS. Par qui elles peuvent être faites, 12. — A qui
elles doivent être adressées, 13. — Des abus en ma-
tière de réquisitions, 14. — Le service de la correspondance se fait sur réquisitions quand il est indispensable
d'y employer la gendarmerie, 15. — Réquisitions éma-
nant des commissaires préposés aux chiourmes, 31. —
Réquisitions concernant le service des levées, 40. — Concernant les visites et recherches à bord des navires du
commerce français et étrangers, 52, 53. — Réquisitions
pour le maintien de l'ordre pendant les opérations admi-
nistratives, 54. — Pour le transfert des prisonniers des
prisons aux hôpitaux, et réciproquement, 55. — Pour la

Paris. — Imprimerie LÉAUTEY, rue St-Guillaume, 24.